FRÉDÉRIC FORT

EN AVANT! EN AVANT!

*Les libertés ne se donnent pas
il faut les conquérir.*

PARIS

E. LACHAUD, ÉDITEUR

4, PLACE DU THÉATRE-FRANÇAIS, 4

1869

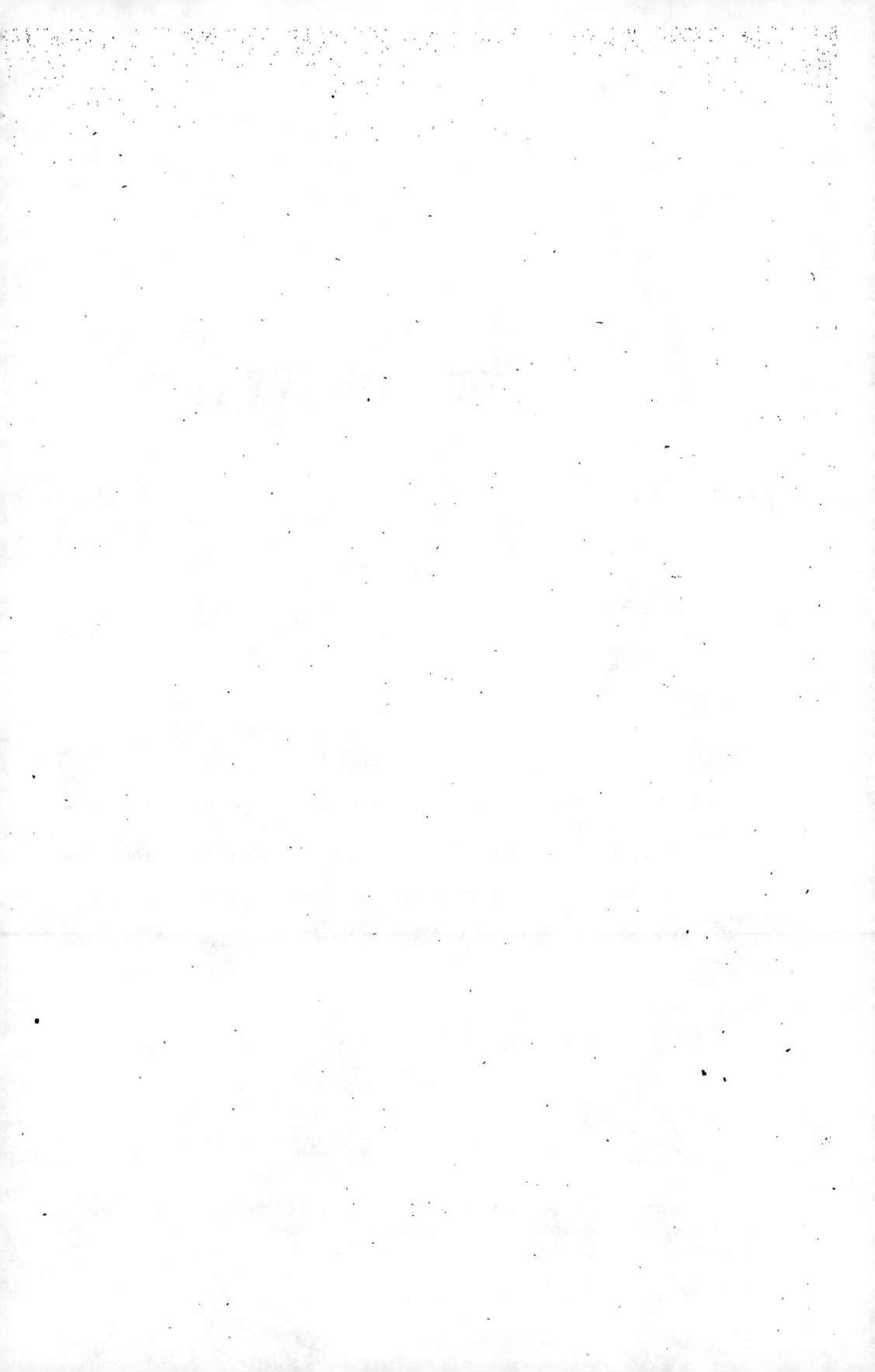

EN AVANT! EN AVANT!

I

EN AVANT! Ce n'est pas un cri de discorde! c'est un cri de ralliement, d'union, de force.

Discordes et divisions, ruines et servitude : ces choses-là s'attirent comme les abîmes.

Il faut se rallier pour s'unir ; il faut s'unir pour être forts ; il faut être forts pour conquérir.

Ce mot ne veut exciter ni des alarmes, ni des audaces. Mais on a dit fort justement:

Les libertés ne se donnent pas : il faut les conquérir.

*
* *

C'est la force des choses, c'est l'irrésistible courant de l'opinion qui les amène. Le pouvoir donne en apparence et cède en réalité ; il semble octroyer une charte, et dans le vrai, il signe une capitulation.

La réclame bruyante, tapageuse, faite au bord du ruisseau, pavés en l'air, aboutit — pas toujours ! — à des changements de personnes et laisse subsister les vices des choses. Elle fait les hommes pour les constitutions, au lieu de faire les constitutions pour les hommes : vrai lit de Procuste où tout ce qui n'est pas le parti vainqueur doit étendre sa pensée et sa vie.

Et les chartes passent.... elles changent.... et ne remédient pas à ce vice organique : elles remplacent les défauts par d'autres défauts.

*
* *

La masse, c'est la mer. Le flot y pousse le flot ; chacun d'eux est à la fois poussé. Comme la mer, la masse s'ignore elle-même ; elle a ses jours de calme et ses heures de tempêtes ; elle balance l'esquif et brise le vaisseau.

Quelles que soient les destinées et l'avenir des masses, toujours domineront en elles l'instinct, la passion, l'intérêt. Elles se feront toujours des idoles, hommes d'intrigue ou hommes de bien ; elles en feront toujours leurs organes, ne leur demandant autre chose que d'avoir pour elles... une volonté.

Mais l'instinct disparu ! la passion éteinte ! l'intérêt satisfait ou, le plus souvent, désabusé !... Ah ! commencent alors et les regrets, et les amertumes, et les défaillances.

Alors, on s'aperçoit que les mots ont remplacé les mots ; — que les luttes et les aventures étaient de pures rivalités, de simples compétitions de pouvoir ; — qu'on avait été un instrument dangereux, délaissé, la besogne une fois faite.

Néanmoins, l'expérience n'instruit pas. Et l'on se persuade, en des tentatives nouvelles, de la plus grande sincérité des chefs, et d'une plus heureuse issue pour tous.

O naïveté !...

*
* *

En revendiquant ces libertés, appelées « nécessaires, » ce n'est pas du superflu que nous demandons ; ce n'est pas le progrès à accomplir, c'est le progrès accompli, c'est la restitution de notre patrimoine mis sous séquestre.

Nous dire que la France n'est pas mûre pour des libertés dont elle a joui, nous affirmer qu'après une tutelle de dix-huit ans le moment n'est pas venu de rendre à la France ses droits de majeure, c'est formuler contre soi-même la plus lourde des accusations, c'est avouer solennellement sa propre impuissance.

Par un regard sur le présent et sur le passé essayons de montrer qu'il nous faut ces libertés « sans transactions, » à brève échéance ; essayons d'indiquer les deux conditions essentielles de cette renaissance politique : la *décentralisation* et la *responsabitité ministérielle*.

Et je précise ma pensée :

A quelque parti qu'on appartienne, puisque l'union n'est pas encore faite parmi nous, il ne saurait y avoir, pour « les gens de bonne foi et de bon sens, de but dynas- « tique, car ce serait sacrifier le pays à des personnes (1). » Il ne s'agit que des libertés nécessaires : qu'on les rende loyalement, tout le monde les acceptera de même.

La seule force pacifique de l'opinion peut désormais produire une réforme sa- lutaire et faire que la constitution française soit vraiment la constitution de la France.

*
* *

Faisons d'un mot le bilan de la situation.

Sommes-nous libres ?

Oui! disent les uns ; non! répliquent les autres. A quoi des tiers répondent : la liberté est née, mais elle ne grandit pas et il importe peu qu'elle grandisse : con- servateurs aveugles ! démolisseurs systématiques! libéraux désabusés et endormis !

Retranchez ces derniers qui comptent peu ou ne comptent pas, opposants et offi- cieux s'agitent et tournent dans ce cercle qu'on appelle en philosophie *vicieux*, c'est-à-dire mauvaise logique et pauvre raison. Ceux-ci louent à temps et à contre temps ; ceux-là attaquent à propos et hors de propos. Il n'y a plus de place pour les critiques, les blâmes ou les approbations à bon escient.

Et le pouvoir se dit :

Qu'on ne peut contenter tout le monde et son père.

Il laisse parler tout le monde, et fait un peu, sinon beaucoup trop, comme bon lui semble.

A qui la faute ?

II

Le courant libéral et démocratique, un instant arrêté devant la réaction dictato- riale de 1852, a repris sa marche prévue. On n'a pas voulu comprendre qu'il fallait le seconder et le diriger, afin de le maintenir dans sa voie. De mesquines influences

---

(1) Thiers, Séance du 2 avril.

ont triomphé des bonnes intentions, des sages pensées, des larges projets. On voulut se figer dans la forme présente et n'en plus sortir. La Constitution déclarée *perfectible* avait accompli d'un coup tous ses progrès; elle était désormais *parfaite*. La page des *desiderata* devait être déchirée.

La constitution était non plus la base d'un édifice à élever, à embellir; c'était *l'arche sainte*, le monument immuable, éternel où nulle main téméraire ou discrète ne devait toucher.

Aussi, le sentiment des libertés publiques sembla disparaître. Les plus clairvoyants pouvaient seuls en soupçonner l'existence à quelques sensations étranges, rapides, fugitives, comme le frémissement d'une vie inconnue.

En quinze ans, le cœur de la France battit deux fois d'un mouvement libéral: une gloire plus coûteuse que profitable ne l'avait pas assez enivré. — Par deux fois on pût croire à la transformation de l'empire.

*
* *

Ce n'était pas une calomnie.

Relisez le préambule de la Constitution; voyez avec quel art savant le système du gouvernement personnel est élevé sur la seule responsabilité du chef de l'État, et demandez-vous comment ce pouvoir a pu donner le décret du 24 novembre 1860 et la lettre du 19 janvier 1867.

N'accusez ni ces actes, ni la constitution d'illogisme, ce serait injuste.

L'illogisme — car il y en a un — était dans le préambule même de la constitution, et non dans les actes qui l'ont modifiée;

L'illogisme était, il est encore, dans les lenteurs, dans les indécisions, dans les entraves, dans les demi-mesures.

*
* *

La lettre du 19 janvier surtout était grosse de promesses. Elle n'a rien apporté, ou presque rien. Elle a enlevé ce qui avait été précédemment concédé.

Le droit si limité d'interpellation a-t-il compensé la suppression du droit d'adresse?

La suppression de l'autorisation préalable en matière de presse, suffisait-elle à constituer une loi libérale?

Qu'est-ce, enfin, qu'une loi sur les réunions publiques faite par les adversaires de cette liberté?

*
* *

Aussi, quel travail en quelques mois!

Aujourd'hui l'opinion publique est accentuée. La teinte uniforme, à pâles reflets çà et là, s'efface de plus en plus devant le ton tranché des couleurs. — Les partis se sont réveillés. Chacun a mesuré sa force.

Comme un souverain remède, le pouvoir et le pays attendent une nouvelle législature : l'opposition espérant au moins une très-forte minorité ; le pouvoir, une majorité plus considérable encore et plus dévouée.

L'opposition veut créer des difficultés graves, amener un retour aux lois d'exception, provoquer une crise, ouvrir ainsi la porte à toutes les espérances, puisqu'elle serait ouverte à tous les dangers.

Le pouvoir veut peut-être devant une assemblée plus obéissante, avec l'apparence d'un contrôle absent en réalité, recevoir en tout un bill de satisfaction qui permette d'entreprendre et d'oser davantage.

Triste, triste situation des deux parts ! — Pourquoi ?

---

*
* *

La vie nationale est absente ou endormie. En dehors des grands centres, c'est à peine si le sens politique existe ; et, là même, il est fortement mélangé.

Tout se concentre à Paris ; le courant d'opinion arrive, sans rien perdre en route de sa force, sans se heurter à aucun obstacle, jusqu'au chef du pouvoir.

Le pouvoir n'est plus la tête du corps social. On ne voit en lui qu'un maître, c'est-à-dire, selon le vieux proverbe, un ennemi.

Au moyen de l'électricité on peut quelques instants encore obtenir sur un décapité des apparences de vie. Pure illusion ! Ainsi chez les peuples. On y rencontre quelquefois les saccades d'une excitation nerveuse ; on n'y voit plus de mouvements réguliers, autonomes, continus ; il n'y a pas de milieu entre les manifestations bruyantes, désordonnées et le silence de l'épuisement.

Tel un arbre gigantesque dont la séve sans force fournit à peine çà et là une pâle verdure, triste et dernier vestige d'une ancienne vigueur.

La France n'en est sans doute pas à ce degré d'anémisme. La vie nationale n'a pas disparu ; mais elle sommeille et il est grand temps de la réveiller.

III

Cette tâche est d'un intérêt capital et ne peut être reculée. L'Empire en aura-t-il le courage ? — S'il ne l'a pas, l'opinion est assez forte pour le lui imposer. Soldons, l'heure en est venue, cette dette du passé.

Examinons un peu cette situation que l'Empire subit plus encore qu'il ne l'a faite. Donnons à chacun la part de responsabilité qui lui revient.

Il y a juste 80 ans qu'au sein de la tempête sociale un principe nouveau prenait possession du monde. On a dit récemment : « nous avons non-seulement à accomplir « l'œuvre difficile dans tous les temps, dans tous les pays, de fonder une dynastie, « mais encore de réconcilier les éléments contraires de cette longue guerre sociale ap- « pelée la Révolution française (1). »

Ces deux choses-là n'en font qu'une. Dans la France essentiellement monarchique les révolutions se réduisent à des questions dynastiques. La dynastie qui ne sait pas faire sa place dans un ordre social tombe et perd sa légitimité; celle qui répond aux besoins d'une époque s'élève et n'est pas l'usurpation.

En 89 une réforme sociale a été commencée. Est-elle complète? Voici passés trois quarts de siècle d'épreuves, et nous ne sommes pas satisfaits du présent, ni sans inquiétudes pour l'avenir.

De l'œuvre de 89, que reste-t-il? pas même toute la destruction de l'ancien ré- gime. Il reste encore de cette époque autre chose que « de grands souvenirs et de grands bienfaits (2). » Il nous en reste aussi la centralisation gigantesque où nous sommes, et qui nous menace de *l'immobilisation*. — Les dénominations ont changé, les principes sont restés les mêmes.

Il y eut donc, en 89, ce grand tort de faire table rase de toutes les anciennes ins- titutions communales et provinciales, de détruire au lieu de réformer. On se con- damnait de la sorte à une centralisation encore plus exagérée : en supprimant d'un seul coup toute l'ancienne vie nationale, il fallait trouver dans la force du pouvoir central un lien assez puissant pour empêcher la dissolution. Et que manquait-il, en définitive? Le principe de la souveraineté populaire, déjà connu dans nos tra- ditions.

Loin de là. La voix de la France consignée, figée, dans les *cahiers des États gé- néraux* (3) fut non avenue. Au lieu de présenter la constitution nouvelle à l'acceptation du peuple, on l'offrit à la sanction du roi. Est-il dans l'histoire un pareil exemple d'inconséquence? Nous aurions compris Louis XVI offrant une constitution, émanée de son initiative, à la sanction populaire; nous ne comprenons pas une assemblée souveraine soumettant ses travaux à la sanction royale.

*
* *

Au lieu d'entrer au port, le vaisseau de la France se brisa contre les écueils. Napo- léon ne put le reconstruire avec les épaves dispersées. Un âge nouveau commençait, une autre société s'élevait du sein du chaos.

Pour une cause ou pour l'autre, nous avons vu trois gouvernements succomber à cette parturition.

Depuis seize ans le quatrième est aux prises avec le même œuvre. L'accompli- ra-t-il?

_____

(1) Persigny : *Lettre sur la liberté de la presse.*

(2) L'Empereur Napoléon III dans un discours du trône.

(3) Remercions ici M. Thiers de l'hommage rendu à ces vœux de « notre chère France », dans son dernier discours au Corps législatif (2 avril).

Au deux décembre, tous les partis en étaient à caresser pour eux-mêmes l'idée d'un *coup d'État*. Proudhon en a fait l'aveu : « A défaut de Louis-Napoléon ou du « prince de Joinville, candidat à la présidence pour 1852, le coup d'État contre la « démocratie socialiste eût été fait par la démocratie non socialiste (1). » Quel qu'eût été le vainqueur, la constitution vaincue ne fut certainement pas restée debout.

Coup d'État ! révolution d'en haut; *insurrection !* coup d'État d'en bas : procédés de même fabrique, après tout, et de marque peu différente.

Ne nous grisons pas de mots. Tout pouvoir accepté, même tacitement, par le seul fait de son établissement, est une légalité exprimée ou non par une constitution. En ce sens tout pouvoir qui succombe, succombe à la violation de cette légalité mixte, d'ordre composite, née un jour de la coalition des intérêts, mourant un autre jour de leur antagonisme.

A l'origine, tous les gouvernements sont plus ou moins des gouvernements de fait.

Né de la pondération des classes sociales, le pouvoir est, de sa nature, sans travail, sans effort, *constitutionnel* ou *parlementaire;* né de la lutte des partis, il doit être d'abord une *dictature*, c'est-à-dire l'une de ces deux choses : une guerre sociale, ou une paix imposée par la force.

César ou République, peu importe! vieille histoire écrite d'avance au livre de l'avenir !

L'homme est peu inventif en ces matières, et les types de la machine gouvernementale ne sont pas très-nombreux. Les noms varient quelque fois: au fond, les choses ne changent guère.

*
* *

Donc, sans flatterie pour les vainqueurs, sans insulte aux vaincus, le coup d'État était, pour tous les partis, dans la nécessité des choses.

On cherchait, du côté des conservateurs et même des républicains non socialistes, un ordre de choses capable de résister à quelque émeute imprévue, et de prévenir ces mouvements désordonnés où la vie des nations s'appauvrit. On ne voulait plus de cette comédie du *qui-vive*, trop dangereuse pour en essayer de nouvelles représentations.

Mais chacun le cherchait par ses petits moyens à lui, au profit de sa petite église. On se faisait de mutuelles cachotteries, ce qui n'allégea pas le commun déplaisir d'être dupé.

Et pourquoi couraient-ils ainsi chacun leurs aventures? Pourquoi se mettaient-ils ainsi des tampons sur les yeux?

Dieu me garde de laisser croire à un panégyrique de cette date fameuse du 2 décembre. Ces jours-là ne sont jamais d'heureux jours! Mais où sont-ils par ici les innocents! Étaient-ils bien nombreux les hommes qui, dans la seule pensée de concorde, d'union, de salut, ne pensaient qu'à la France pour la France ?

_____

(1) Je cite ces paroles de mémoire, mais textuellement; elles se trouvent, je crois, dans les *Confessions d'un révolutionnaire.*

En général, tous ceux qui se plaignirent, éclatèrent beaucoup pour eux-mêmes et fort peu pour le pays :

Les légitimistes, parce qu'ils nourrissaient l'espoir d'une nouvelle restauration, amenée comme la première par la complication des événements ;

Les orléanistes, parce qu'ils pensaient faire arriver un prince d'Orléans à la présidence, et de là sur le trône ;

Les républicains, parce qu'ils croyaient vaincre les socialistes et solidement établir leur système, « république d'exploiteurs , a dit Proudhon, proportionnée à leurs « mérites et dont ils eussent été les dignes marguilliers. »

Les socialistes, de leur côté, ne pouvaient et ne voulaient se contenter de leur position précaire. S'ils patientaient plus que tous les autres, c'est que le *statu quo* creusait des divisions de plus en plus profondes, favorables à leurs desseins.

*
* *

Quoi qu'il en soit, huit millions de suffrages ont adhéré à la constitution nouvelle, un peu léonine à coup sûr.

Mais, au bout du compte, comme on était las des incertitudes, des surprises, comme on voulait la stabilité, nul, hormis le socialiste et quelque peu le vieux parti, ne parut se préoccuper de la grande vaincue du moment : la liberté !

Sa défaite accuse à la fois et ceux qui ne l'ont pas protégée, et ceux qui l'ont proscrite.

*
* *

Le spectre rouge avait disparu ; on respirait à l'aise ; cela semblait à l'immense majorité peut-être plus que suffisant.

Les grands démocrates unitaires ne tardèrent pas à se rallier. Les premiers, ils cherchèrent dans les fonctions officielles du nouvel empire de quoi contenter leur ambition dévorante de servir la patrie. Les habits brodés leur allaient si bien, à ces austères !

Et ces républicains de la veille, impérialistes du lendemain, se firent concéder le privilége de quelques grands journaux, où, sous le couvert du pouvoir, ils purent tout à leur aise développer leurs thèses favorites et diriger le mouvement dans leurs vues et selon leur intérêt.

Quoi qu'on ait pu dire en de récentes histoires, ces choses-là sont trop présentes au souvenir de tous pour être amoindries ou déguisées.

*
* *

L'empire avait cependant prévu que le courant de la liberté ne tarderait pas à reparaître, et que vouloir l'arrêter à l'heure de la crue nouvelle, serait exposer les digues à être détruites et emportées. Aussi bien avait-il déclaré : que la constitution « perfectible » laissait tout ouverte la porte aux progrès ;

« Qu'elle n'avait fixé que ce qu'il était impossible de laisser incertain ; »

Qu'elle voulait d'abord « creuser à la liberté un lit large et profond » où couleraient sans crainte ses flots plus pressés ;

« Qu'elle n'avait pas enfermé dans un cercle infranchissable les destinées d'un « grand peuple ;

« Qu'elle laissait aux changements une assez large voie pour qu'il n'y eût pas dans « les grandes crises d'autre moyen de salut que l'expédient désastreux des révolutions (1). »

*
* *

Avec de pareilles promesses on pouvait attendre.

Du reste, le pouvoir devait être persuadé qu'il valait mieux précéder l'opinion publique que la suivre, en prévenir les demandes que lui donner satisfaction tardive.

Fortement préoccupé de sa tâche, il devait poser promptement les diverses assises de l'édifice libéral, et placer la nation le plus possible en face de ses affaires. Moins la tutelle serait longue, mieux cela vaudrait pour la dynastie nouvelle. Car :

Il est dangereux de placer les États dans l'obligation d'avoir toujours besoin d'un génie ;

Il est dangereux de façonner un peuple à ne connaître que l'obéissance passive et muette ;

Il est dangereux de ne fonder que sur une volonté dirigée par ses propres pensées, souvent par ses caprices ;

Il est dangereux de s'endormir sur le lit de l'arbitraire, également fatal à l'autorité qu'il ruine, et à la licence qu'il déchaîne ;

Il est dangereux de ne pas habituer une nation à trouver en elle-même les ressources nécessaires à toutes les éventualités.

IV

« L'idée napoléonienne, a écrit Napoléon III, consiste à reconstituer la société française bouleversée par cinquante ans de révolution, à concilier l'ordre et la liberté,

---

(1) Textuellement extrait du *Préambule de la Constitution.*

les droits du peuple et les principes d'autorité... (1) » Sous toutes réserves, on peut accepter cette solution du problème libéral, que Napoléon Ier lui-même n'eût pas écartée.

Eh bien ! voyons ! La reconstitution de la société française est-elle faite ?

L'ordre et la liberté sont-ils tout à fait d'accord ?

Les droits du peuple et les principes d'autorité vivent-ils en paix, sans contestation d'aucune sorte ?

Hélas ! le problème est toujours agité, le procès est toujours pendant.

Le profond et large lit de la liberté est creusé peut-être ; mais je regarde et n'y vois couler, bien bas, qu'un mince filet d'eau.

Grossira-t-il ? Deviendra-t-il un grand fleuve ?

Ou bien, cette énorme tranchée ne servira-t-elle qu'à une dérivation ?

On cherche en arrière ce qui est en avant ; on voit le mal dans le remède ; on a peur de l'idée démocratique ; on a peur de la liberté qui guérirait ses propres blessures.

*
* *

A quoi bon dissimuler ce qui est un fait, la puissance sociale est à la démocratie. Le nombre lui donnera la force. Et c'est une loi de l'humanité proclamée par l'histoire ; toutes les fois qu'un mouvement étendu se manifeste au sein d'une société, il correspond à des aspirations, à des besoins, qui doivent tôt ou tard, mais sans trop différer, être satisfaits.

Quand elles sont entrées dans le courant vital, dans la circulation sociale, ces choses-là n'en sortent plus. Elles grandissent sans cesse, jusqu'à l'heure où elles enveloppent et dominent tout.

Le pouvoir est aveugle ; quelques hommes sont osés : les révolutions commencent.

V

Si le mot *démocratie* n'est pas vain, il signifie le gouvernement d'un peuple par lui-même, c'est-à-dire la participation complète de la nation à ses affaires et le contrôle sérieux des actes du pouvoir exécutif.

La démocratie, c'est le *peuple* en masse, c'est la *patrie* en grand.

---

(1) Louis Napoléon: l'*Idée Napoléonienne*, et les *Idées Napoléoniennes*, deux opuscules très-instructifs.

C'est la nation tout entière jouissant de toutes les libertés qui, de droit naturel, appartiennent à tous les hommes ; la nation où tous les citoyens n'obéissent qu'à la loi;

La nation où la commune et la province sont administrées, dans l'ordre des intérêts matériels, par les mandataires qu'elles ont élus ;

La nation où le suffrage universel est ordonné de telle sorte que les minorités soient représentées comme les majorités ;

La nation où le souverain est responsable envers la nation, et les ministres responsables envers les Chambres, comme envers le souverain ;

La nation où le rôle du pouvoir exécutif consiste à veiller au bon exercice des libertés civiles et politiques, au maintien de l'unité, à l'harmonie entre les diverses administrations, aux intérêts généraux et à la défense extérieure de l'état.

*
* *

Quiconque ne voit pas cela est aveugle, et méconnaît les traditions de la France.

Continuer la Centralisation, repousser le vrai contrôle du pays, proclamer l'omnipotence des majorités, refuser la responsabilité des agents du pouvoir, c'est, quoiqu'on fasse d'ailleurs, constituer non plus la *démocratie,* mais la *démagogie*, turbulente, passionnée, haineuse, cruelle, niant toute autorité, rêvant partout le renversement, l'égalité complète et contre-nature, le nivellement absolu dans la terreur et l'anarchie.

Eh bien! si l'on ne veut pas être franchement démocratique : de deux choses l'une, il faut étayer le vieil édifice, ou marcher avec la démagogie.

Se contenter du vieil édifice ? — Où est-il l'audacieux penseur qui hasarderait thèse pareille ?

Ses murailles sont lézardées, ses bases sont pourries, il craque de toutes parts, semblable à ces tombeaux du désert où dorment les géants du passé.

Au front du portique demi-effondré les leçons de l'histoire sont gravées en lettres de sang et de feu. — Hommes d'autrefois, les avez-vous donc oubliées? Qu'attendez-vous encore? La démagogie peut-être? Elle n'en est pas à son premier coup de pioche. Ses coryphées ne se contentent plus d'acclamer 89, ils exaltent 93; ils en réveillent de tous côtés les échos endormis; ils en essuient toutes les hontes, toutes les boues, et n'y veulent trouver que de glorieux souvenirs.

Chose inouïe, incroyable, que cette alliance des anciens partis avec les démolisseurs, d'un certain droit divin avec « la jeune République du *Siècle !* »

Pourquoi donc ont-ils subi les fureurs du jacobinisme?

Pourquoi donc ont-ils mangé le pain amer de l'étranger?

Pourquoi donc leurs croyances et leurs affections ont-elles été livrées à la vile moquerie de ces satiriques souillés de sang?

On a dit d'eux jadis : *rien appris, rien oublié!*

On en pourrait dire aujourd'hui : *tout oublié, rien appris!*

Allez! faites traité avec le trouble; aidez à soulever le marteau qui renverse, à allumer le feu qui détruit : le lendemain de la victoire vous prépare déjà ses vengeances.

Les démolisseurs, dites-vous, veulent aussi la liberté et donnent des garanties.

Oui, sans doute, ils la veulent, la liberté; mais pour eux, rien que pour eux. Oui, sans doute, ils la prêchent; mais pour arriver au pouvoir. Malheur alors à qui se trouvera sur leur chemin ; malheur à qui fera entendre un gémissement ou une plainte; malheur surtout à qui rappellera les promesses et les serments.

Ils auront la puissance et n'entendront pas s'en dessaisir, ni la partager. La puissance, c'est le moyen de jouir. Et ils veulent jouir à leur tour ; et ils veulent disposer librement, à leur tour, des ressources inépuisables d'un peuple qui ne sait pas compter.

*
* *

Et des gens d'abstention, des endormis croyant à l'éternelle enfance de la liberté, qu'en dire? Aussi coupables que les autres, non pour faire, mais pour laisser faire. La cause principale de l'audace démagogique est dans la patience des uns et dans l'indifférence des autres.

Ainsi naissent les discordes civiles. Car, la résignation, pour être grande, n'est point infinie. A force d'être attaqué, on en vient à se défendre avec d'autant plus d'ardeur qu'on a tardé plus longtemps. C'est souvent en pure perte, et l'attaque elle-même passe alors pour une représaille.

VI.

Revenons au 19 janvier.

Avec une entière bonne foi, avec le désintéressement d'un homme qui, touchant au pouvoir, a préféré le bien de la patrie à un portefeuille sans garanties, M. Émile Ollivier vient de raconter l'histoire de ces réformes qui, sérieusement appliquées, eussent produit les plus heureux résultats.

Nous leur devons néanmoins une chose, qui sera le vrai titre de M. E. Ollivier : le réveil de la France !

En présence des indécisions, des fausses condescendances, des compromis menteurs, la France interroge ;

Les huit millions de suffrages qui ont fait l'Empire demandant par leur attitude inquiète, éloquente protestation d'un peuple : que devient notre œuvre? — cette œuvre, qu'a-t-elle fait de nous?

Il faut ici dire toute notre pensée, et couper court aux commentaires erronés.

*
**

Un peuple plaçant à sa tête un homme, — quel que soit son mérite ! — lui confiant et à sa race la direction des affaires, un peuple ne s'aliène jamais ;

Il ne se fait jamais la chose de cet homme ;

Il ne peut pas se condamner à ne penser, à ne parler, à n'agir que par cet homme.

Tout contrat social serait nul par cette clause homicide.

L'élection ne constitue pas une propriété absolue ; elle crée seulement une gestion temporaire, à vie, héréditaire, — peu importe ! Cette gestion est un contrat synallagmatique dont l'exécution implique la fidélité aux conditions posées et acceptées, formellement ou tacitement, de part et d'autre.

Voilà ce qu'il fallait voir, et ce qu'on n'a pas vu ; ce qu'il fallait comprendre, et ce qu'on n'a pas compris.

*
**

Le rôle était encore assez beau ; la prospérité commune était un but assez noble pour s'y appliquer. — Eh bien ! la main sur la conscience, sommes-nous assis ou debout ?

Le jour est-il sûr de son lendemain ?

Où est notre influence ?

Quelle est notre politique extérieure ?

Quel plan dirige nos actes ?

Avons-nous même un plan, ou bien allons-nous à l'aventure, au jour le jour, au gré de tous les souffles, au mirage de toutes les chimères ?

Sur qui compterons-nous le jour où il faudra sauvegarder sans délai, sans tergiversations, les intérêts de la patrie ? — Les uns nous seront hostiles, ne pouvant plus leur rien sacrifier ; les autres nous laisseront seuls, ne pouvant plus leur rien promettre.

La pire des politiques est de n'en pas avoir.

Suivez le faux, si vous voulez ; mais suivez du moins quelque chose. Par là vous connaîtrez si l'opinion publique marche ou ne marche pas avec vous. Qui consulterez-vous donc, si vous ne la consultez pas ? Appuyés sur elle vous aurez la force d'aller en avant ; ou, blâmés par son désaveu, vous aurez le courage de changer de route.

Mais l'incertitude, les oscillations perpétuelles, les réticences sans fin ; voilà qui use à la longue les bons vouloirs et la plus entière confiance.

*
**

Oui, l'heure est venue de faire un pas nouveau, vrai, décisif, dans la voie des libertés, c'est-à-dire du contrôle.

Deux mots les résument : décentralisation, responsabilité ministérielle.

Sans la première, pas de vie politique. La nation n'est qu'une masse sans consistance exposée à tous les vents, une masse « de grains de sable, » comme disait

Napoléon Ier, sur laquelle peuvent passer impunément, et tour-à-tour, les souffles du despotisme et de l'anarchie.

Sans la seconde, pas de contrôle. Ou, dans ce cas, le contrôle devient aussitôt une question dynastique, et constitue, entre le pouvoir et le pays, un dualisme dangereux.

Alors, les acteurs peuvent changer, la pièce reste la même. Les vaincus vident jusqu'à la lie le calice du malheur; les victorieux payent de leur réputation les ivresses du triomphe.

VII.

Triste chose que le *huis clos* sur les affaires publiques, en dehors des sessions parlementaires, et, pendant les sessions mêmes, sur certains points qu'il faut laisser dans l'ombre.

Cet inconvénient grave, ce péril, exige la suppression des mystères politiques et administratifs.

Agir en pleine lumière, c'est s'obliger à ne cacher aucun acte, à ne pas commettre de fautes, sinon les fautes inhérentes à la faiblesse humaine.

Ah! si les moyens de discussion étaient tout à fait libres; si la presse était débarrassée des lourdes entraves qui soumettent l'intelligence au capital?...

Mais, l'intelligence appelle l'intelligence!....

*
* *

Ici, les conservateurs.... capitalistes approuvent les restrictions du pouvoir. L'opinion publique, se disent-ils, est plus favorable à nos adversaires. Leur parole trouve en tous lieux un écho facile. Avant de parler leur cause est déjà gagnée.

Ce n'est pas tout à fait vrai. Seulement, l'opinion publique n'aime pas les peureux.

On est au fond persuadé du danger; on sait que la réaction serait funeste, que le *statu quo* est impossible; on a des catastrophes en perspective, un seul moyen d'y échapper: néanmoins, on recule pour ne pas payer de sa personne, surtout pour ne pas engager son argent; on conseille la résistance, on invoque le secours d'un bras qu'on redoute de voir briser par la tempête.

Comment qualifier cette conduite?

*
* *

Il faut décentraliser pour sauver la vie politique, pour la développer, pour éviter les révolutions.

Et ce problème est celui-ci :

Savoir ce qui peut être dévolu ou rendu à la famille, à la corporation, c'est-à-dire à l'association libre, à la commune, à la province, sans danger pour l'unité nationale, sans toucher à l'essence du pouvoir central.

Appeler un beaucoup plus grand nombre d'hommes à prendre connaissance des affaires publiques, à comprendre ce qu'elles renferment de difficultés, à mieux apprécier la conduite de ceux qui dirigent, n'est-ce pas protéger le pouvoir contre es abus possibles des libertés générales ?

Au simple point de vue administratif, n'est-il pas certain que plus les citoyens décideront leurs affaires particulières, plus on diminuera les griefs vrais ou faux contre le pouvoir?

L'habitude de la centralisation persuade au peuple que l'État possède ce qui appartient de droit naturel à l'individu, à la famille, à l'association. Mais en donnant au pouvoir toutes ces choses, on lui demande aussi compte de tout, de la conduite des hommes et des caprices du temps. L'État en vient à réglementer même le travail. Les corporations disparaissent ou s'établissent sur le privilège. Et, à des époques troublées, on voit s'ouvrir les *ateliers nationaux*, et se formuler les systèmes communistes qui attaquent, au nom de l'État, l'héritage des aïeux et les labeurs du présent.

*
* *

Oui, la centralisation pulvérise une société. A mesure qu'elle augmente, l'initiative individuelle décroît dans la même proportion. Il finit par n'y avoir plus qu'une seule force, celle de l'État, dont l'initiative, l'appui et le contrôle sont nécessaires dès qu'on veut remuer la moindre paille.

Tout est mort dans le désert ; mais rien n'égale la violence des ouragans qui s'y déchaînent.

*
* *

La décentralisation est encore la condition nécessaire du régime parlementaire, désormais inévitable.

Ce n'est pas à dire qu'il faille imiter servilement telles ou telles institutions voisines, nous faire Anglais ou Américains. Laissons chez elle l'Angleterre ;

> Car enfin, ce n'est pas la prendre pour modèle
> Ma sœur, que de tousser et de cracher comme elle.

Soyons Français ; n'oublions pas que l'anglais Burke a rendu cet hommage à la

France d'avant l'ancien régime : « il n a manqué à la constitution française pour être parfaite qu'un congrès permanent. » (1).

Ce n'est pas à dire encore qu'il faille revenir à quelques siècles en arrière : le passé des peuples ne revit pas plus que celui des individus. Si rien n'est nouveau sous le soleil, rien non plus ne s'y répète. A chaque âge suffit son œuvre ; mais la voix des générations disparues doit monter jusqu'à nous comme un enseignement et un exemple.

VIII

Si nos pères avaient raison de considérer le pouvoir souverain comme une délégation du peuple, ils avaient raison d'en vouloir le contrôle. Si nous l'admettons comme eux, la responsabilité du gérant doit être inscrite dans le pacte social. Du reste, exprimée ou non, les faits se chargent toujours de trouver cette clause et d'en user.

Les chartes qui, depuis 1789, ont précédé la constitution de 1852, maintenaient l'inviolabilité royale et la seule responsabilité des ministres. Mais, si le roi n'acceptait pas les hommes de la majorité, s'il résistait, son inviolabilité se trouvait directement en cause. Il pouvait, sans doute, dissoudre la représentation nationale. Ce droit lui était acquis ; c'était la garantie de son autorité suprême, la seule ; garantie illusoire à force d'être dangereuse. A quoi donc aboutissait l'irresponsabilité ? à la ruine du pouvoir et au renversement de l'inviolable.

La constitution impériale a cru plus logique de formuler un principe aussi incontestable. L'Empereur est responsable vis-à-vis de la nation. Mais cette responsabilité, sans la responsabilité ministérielle vis-à-vis des chambres, devient l'essence même du gouvernement personnel. La question à résoudre est simplement déplacée, et la situation est aussi anormale, sinon plus, que les situations précédentes résultant de l'irresponsabilité.

*
* *

Sans la responsabilité des ministres, le dualisme est complet entre la nation et le pouvoir ; le contrôle est sans efficacité, et se réduit trop souvent, hélas ! à constater ce qu'il n'est plus possible de prévenir.

---

(1) *Réflexions sur la Révolution française.*

Une plainte timide du côté de la majorité, un regret complaisant du côté des ministres... c'est dit.

Et que faire autre chose ? sur qui porteraient les coups ? sur l'Empereur ? — allons donc.

*
* *

Spectacle étrange ! voilà des ministres irresponsables sujets aux changements les plus subits. Le pays marchant au sein du mystère, *ibant obscuri... per umbras*, épie avec soin les indices de la route suivie. — Si l'homme est un simple instrument, peu importent ses opinions personnelles, ses désirs secrets ?.... Il suffit d'exécuter fidèlement les ordres reçus.

Mais non ! l'instrument doit correspondre à la pensée directrice, suprême. Eh bien ! soit. L'instrument fidèle rejeté, c'est dire que la pensée n'est plus la même. On s'obstine néanmoins, dans tous les cas analogues, à nier le changement.

*
* *

Le pays a raison, malgré ce jeu, de voir dans les modifications ministérielles des modifications à la marche générale des affaires. Le contraire donnerait lieu à cette alternative : le caprice du souverain ou l'incapacité des ministres sortants.

Le caprice ? — Peut-il exister en matière si grave ?

L'incapacité ? — Elle prouverait ou la myopie du pouvoir ou son insouciance. Deux hypothèses inadmissibles.

Tout changement a donc une signification.

Il n'en paraît tout d'abord rien que d'insignifiant ; mais la gravité subsiste inconnue, jusqu'à l'heure où éclatent, avec une apparente soudaineté, des choses amenées de plus loin.

IX

Pour revenir encore sur une date importante, on n'a pas vu retirer sans surprise les démissions qui avaient accueilli la lettre du 19 janvier ; on n'a pas vu, sans stupéfaction, tomber du pouvoir les ministres les plus dévoués aux réformes libérales ;

on n'a pas vu, sans défiance, les ministres hostiles à ces réformes appelés à les accomplir.

Si éloquents que soient les hommes, ils ne sont jamais nécessaires, et l'on fait toujours mal une besogne antipathique.

Plus tard d'autres sacrifices ont été faits à « l'homogénéité plus grande » du cabinet, à « l'unité plus complète, » dans la direction des affaires ?

Parlons franc. Était-ce, oui ou non, le triomple politique de M. Rouher, la fin « de ses angoisses patriotiques ? »

Oui ! — Pourquoi n'est-il pas président du Conseil ?

Non ! — Pourquoi est-il encore au pouvoir ?

*
* *

Voilà une personnalité qui s'élève dans l'État au point de s'attirer les noms de grand-vizir et de vice-Empereur : Est-elle donc assez haute pour incliner toutes les autres devant elle ? Est-elle seule assez forte pour tenir en toutes circonstances, que le vent souffle du nord ou du midi, de l'orient ou du couchant, le gouvernail de la France ?

M. Rouher, disons-le sincèrement et sans détour, est un grand orateur. Rompu, par l'exercice du palais, à toutes les gymnastiques de la parole, il y excelle en toutes sortes de causes parlementaires. D'une habileté consommée, nul ne sait mieux redire à la tribune, avec plus de feu calculé, de couleur mélangée à dessein, d'action parfois entraînante, le thème récemment étudié ; — nul ne sait mieux changer en moyen de discussion les arguments subtils, les volte-face prestigieuses, les difficultés mêmes où l'adversaire croit l'embarrasser ; — nul ne possède à son degré le don de faire miroiter devant une majorité docile l'éloquence des grands mots et des phrases à fracas. Tour à tour, il charme et terrasse ; il caresse et foudroie. C'est la brise, un peu lourde, qui monte à l'horizon les nuages gros de tempêtes ; c'est le rayon vainqueur qui perce la tourmente et ramène la paix. Jamais interruption ne l'arrête ; jamais contradictions, — fût-ce les siennes ! — ne le préoccupent. Il vient, il voit, il enlève les suffrages.

Concentrées sur un point, au lieu d'être disséminées sur tous les sujets, ses prodigieuses qualités, sa force étonnante, eussent produit des merveilles. Il n'eût pas fait qu'effleurer les surfaces, il eût pénétré le fond des choses. Mûrie au soleil de la liberté, son œuvre fût restée plus utile au pays, plus favorable au prince.

Mais il a dû suffire à tout et à tous les instants ; et il s'est amoindri lui-même en assumant une tâche aussi lourde. Il n'a pas vu l'étendue du fardeau, parce que cette forte nature d'avocat, d'orateur, de tribun, n'est qu'un petit tempérament d'homme d'État.

*
* *

Un homme d'État peut sacrifier sa personne à la patrie ; mais, au nom même de cet intérêt sacré, il n'abandonne jamais ses principes, ses vues, son système, fruit de ses études et de ses méditations ;

Un homme d'État ne se] fait pas le défenseur, l'avocat de mesures qu'il désapprouve ;

Un homme d'État ne combat pas contre lui-même, il ne s'inflige pas à lui-même un démenti.

Il peut aimer le pouvoir—chacun a ses faiblesses ! — mais pas plus que sa dignité.

Il n'accepte pas de plans tout faits, il discute ceux qu'on lui présente.

Admet-on les siens, il s'en fait le serviteur dévoué ; les abandonne-t-on, il se retire.

S'il lui arrive de modifier sa pensée, il ne se réfugie pas dans les sous-entendus ; il ne s'enveloppe pas de nuages ; il tient à honneur de déclarer hautement les motifs de sa conduite.

M. Rouher ressemble-t-il à ce portrait-là ?

*\
*

Paix à l'homme privé ; mais l'homme public est justiciable de l'opinion publique.

Aux récentes adulations dont nous gardons l'impression attristante, il faut avoir le courage de répondre : ce grand ministre est l'homme de l'ornière, l'homme aux victoires désastreuses ; il s'est mis en travers de toutes les réformes ; il a stérilisé toutes les vocations politiques, et, après avoir grossi les dettes du passé, il embarrasse le présent et compromet l'avenir.

*\
*

Ministre des travaux publics, de l'agriculture et du commerce, il a préparé et fait conclure, dans des conditions désastreuses pour notre industrie, ce fameux traité du libre échange qui a détruit chez nous les barrières de la protection pour les fortifier chez les autres. Poussé par les doctrinaires de Saint-Simon, il a marché devant lui sans apprécier le but où il tendait, sans mûrir la grande idée qu'on lui avait fait entrevoir. Il n'a pas compris que le libre échange n'allait pas sans la liberté d'association, supposant elle-même d'autres libertés.

Exemple, ici mis une fois pour toutes, de la façon intelligente dont les hautes pensées du publiciste Louis-Napoléon ont été appliquées.

*\
*

Ministre de la justice, président du Conseil d'État, intérimaire de l'intérieur ou tenant ce département par des hommes-liges, il a développé — de quelle manière ? on le sait trop—le système pernicieux des candidatures officielles, immense réseau qui couvre la France entière, absorbe dans une centralisation sans exemple toute la vie nationale, et fait que les votes du peuple expriment non plus ses besoins, ses désirs, mais les besoins et les désirs de l'administration.

On ne dira plus : la voix du peuple c'est la voix de Dieu ; mais au contraire, c'est le bon plaisir, quelquefois un peu contraint, des maires, des juges de paix, des gardes champêtres ; et leur bon plaisir, à eux, c'est la volonté des préfets.

*
* *

Ministre des finances, où sont ses améliorations du budget ? — A-t-il retardé les emprunts ? les a-t-il avancés ?

A-t-il songé à mieux répartir l'impôt direct ou indirect, à étudier la question des octrois, à dégrever les classes laborieuses ?

N'a-t-il été pour rien dans certaines opérations d'où sont sorties des fortunes scandaleuses, et qui, après avoir été frappées par la justice, n'ont été arrêtées au bord de la banqueroute que par ses bons offices ? *virtus post nummos !*

Les financiers répondront ici, et la situation budgétaire de l'Empire sera plus éloquente encore.

*
* *

Ministre d'État, il aurait pris à tâche, dirait-on, de réveiller les souvenirs des temps mérovingiens et de ressusciter les maires du palais. Hormis les questions spéciales, guerre et marine, il a tout concentré dans ses mains. Seule l'instruction publique fait exception, et le titulaire brave impunément les désapprobations du grand-vizir.

Autrefois le ministère responsable, se composait d'hommes ayant une pensée commune et une action personnelle ; aujourd'hui chaque ministre a sa pensée, mais n'a pas d'action. Si, par hasard, il leur arrive d'agir, il faut les immoler aussitôt « à l'homogénéité du cabinet. » Tout arrive au suprême ministre de la parole.

Tenons compte, si l'on veut — le passif est assez gros pour mettre quelque chose à l'actif — des circonstances où la personnalité du ministre a grandi : la complicité d'une partie de la presse, du public, des Chambres, de cette majorité si bien préparée à tout entendre, à tout regarder « comme une merveille d'éloquence et de raison. » Peut-être s'y était-on mépris ? en tous cas, les temps sont bien changés.

Ce ministre a toujours défendu les grandes idées par les petits côtés ; il n'a jamais songé qu'au vote du moment, au succès du jour, peu ou point aux conséquences à venir. L'aveu ému de ses « angoisses patriotiques » n'a jamais servi qu'à dissimuler au moment opportun le point délicat des questions.

Il n'est pas responsable, et il se donne bien garde d'endosser ses actes. Le grand ministre de Louis XIII voulait prendre sur lui toutes les inimitiés et ne garder à son roi que l'amour de ses peuples. Beau modèle à imiter ! Le ministre de Napoléon III se défend d'autre manière. Richelieu au petit pied, il reçoit en pleine poitrine tous les compliments. Mais s'il y a du blâme ou du mécontentement dans l'air, il court s'abriter derrière la personne impériale. Soyez tranquilles, il ne dira jamais : *me, me adsum qui feci!* ce serait inconstitutionnel. Mais il s'écriera bien vite : Messieurs, trêve de discours et de raisons; je ne suis que l'instrument bien imparfait de la pensée souveraine..... et l'Empereur est infaillible!

.*
* *

Ah! que M. Rouher songe à l'histoire. Elle ne sera pas toujours écrite par ses admirateurs.

Un grand acte désarmerait ses ennemis; et la fortune propice le lui offre :

Qu'il prenne une retraite que, peut-être, on serait heureux de lui accorder. Qu'il n'attende pas la défaite; car alors, on pourrait ne pas trouver de compensation possible, et il descendrait de la tribune du Corps législatif sans aller siéger au-dessus des chaises curules.

Ce jour ne luira-t-il pas bientôt?

M. Rouher ne devrait pas se dissimuler qu'il n'a enlevé jusqu'ici que des causes gagnées d'avance. Au sein de cette majorité dévouée, mais qui ne reviendra pas toute entière, aussi compacte, et qui, du reste, aura six ans devant elle, il n'a l'autorité morale ni d'un Chateaubriand, ni d'un Villèle, ni d'un Casimir Périer, ni d'un Thiers, ni d'un Guizot. On y sait que la politique des actes a souvent contredit celle des mots, et que le tapis vert a souvent démenti la tribune. Que M. Rouher ne se fie donc pas au premier coup de vent qui emporterait jusqu'au souvenir de ses plus beaux triomphes.

La mer est infidèle et le vent peut changer.

*
* *

Ah! si cet appel pouvait monter jusqu'au souverain, nous le supplierions de ne pas laisser plus longtemps étouffer ses pensées de progrès et de liberté sous les étroits calculs des rétrogrades et des réactionnaires.

Ils ont des yeux et ne voient pas ;
Ils ont des oreilles et n'entendent pas ;

Mais, à l'encontre des idoles de l'Égypte, ils parlent; et leurs paroles coûtent trop cher à la France.

X

Cette responsabilité ministérielle, où l'Empereur incline et que ces intéressés veulent écarter à tout prix, serait-elle inconstitutionnelle? En aucune façon. La Constitution peut ouvrir sans inconvénient tous ses cadres. Le cas a été sagement prévu. — Cette responsabilité serait-elle incompatible avec celle du souverain? Pas davantage.

Qu'est-elle donc, après tout? L'examen d'une gestion, déclarée par là bonne ou mauvaise, digne de louange ou de blâme. Pourquoi impliquerait-elle l'immixtion des chambres dans le pouvoir exécutif? Pourquoi supposerait-elle l'indépendance des ministres envers le prince? Pourquoi le prince ne serait-il plus en quelque sorte qu'un simple prête-nom?

Le prince représente la nation comme la Chambre elle-même; mais il est élu de toute la nation, et chaque député l'est seulement d'une certaine partie.

Disons à ce propos que le Sénat doit recouvrer un rôle politique. Il faut toutefois en combinant l'élection, le choix et l'hérédité, éviter l'élection pure qui ferait du Sénat un double emploi amoindri du Corps législatif, et l'hérédité qui organiserait l'antagonisme entre les deux Chambres.

Quel sera le lien entre ces deux expressions du pays, entre le pouvoir et les Chambres? La seule responsabilité ministérielle. Avec elle l'initiative du souverain reste tout entière: il peut changer les ministres en dehors des sessions législatives; il peut aussi les conserver même quand leur conduite aurait été improuvée.

Sous les constitutions précédentes, en effet, cela eût été normalement impossible. Aujourd'hui, ce ne serait pas le moins du monde illogique.

Jadis le souverain irresponsable n'avait aucun motif, aucun droit d'interroger la nation, de l'appeler à prendre parti directement : *Il régnait et ne gouvernait pas.* Maintenant l'Empereur peut et doit, au contraire, quand il le juge convenable, demander au pays de prononcer dans le conflit et de donner un de ces conseils extraordinaires qui dégagent une situation de toute équivoque. Nous ne parlons pas de la dissolution des Chambres dont le droit reste, en tous cas, réservé.

Il n'y a pas d'autre moyen d'enlever le pouvoir à son isolement, de calmer les défiances, d'arrêter les antipathies, de donner une tête au corps social et un guide à la démocratie, d'asseoir solidement la liberté.

XI

Quoi qu'il en soit, la situation actuelle de la Chambre élective dépend essentiellement de la question électorale.

Pas de candidatures officielles, dit l'opposition.

Pas de candidatures d'opposition, dit le gouvernement.

On a raison des deux côtés.

L'opposition systématique se constitue pouvoir contre le pouvoir; seule, elle se prétend dans le vrai, se croit interprète du sentiment général, et s'écrie comme Médée :

> .. Moi, moi, dis-je, et c'est assez.

De quel droit?

Du droit conféré, sans doute, par le vote de quelques milliers d'électeurs. Il faut convenir cependant que le pouvoir pourrait invoquer le même droit conféré par quelques millions de suffrages. Mais n'en parlons pas.

Admettons que le blanc seing donné à chaque député par ses électeurs soit la perfection du vote, autorisant toutes les entreprises. Il y a un moyen simple, Messieurs les opposants systématiques, de vous assurer le triomphe.

Soyez le plus grand nombre et prenez le haut du pavé!

*
**

Allons donc ! ce qu'il faut au pays, ce sont des hommes indépendants, sans aucune inféodation, ayant un seul but, celui d'examiner, sans arrière-pensée, les affaires de la France.

Avec la ressource constante de l'appel au peuple, il n'y aurait d'égale à la maladresse d'avoir créé les candidatures officielles que la maladresse de les continuer.

*
* *

Faisons même cette hypothèse : il n'y a de répréhensible en cela que le faux zèle, c'est-à-dire le zèle intempestif de MM. les préfets. Mais, en fin de compte, ces honorables et honorés fonctionnaires n'ont-ils pas un chef suprême, qui décide en dernier ressort, à qui retournent les victoires ou les insuccès ?

Peut-être, par crainte de déplaire, MM. les préfets donnent-ils des renseignements incomplets ou erronés ? Cela s'est vu. L'incroyable est que MM. les préfets aient cette crainte, et que Son Excellence de l'Intérieur n'ait pas le moyen de contrôler les rapports de ses délégués.

Les électeurs manifestent-ils des préférences non agréées de la préfecture ? Il y a tumulte gaulois, l'État est en danger : *caveant consules ! veillons au salut de l'Empire !*

Mais ce candidat serait un ami, non pas un complaisant, un de ceux qui s'inclinent sans cesse, et disent sans cesse : *vous avez raison !* — de ces amis au contraire qui savent faire entendre à l'occasion des vérités peu flatteuses, estimant que le plus grand devoir est de s'écrier quelquefois : *vous avez tort !*

M. le préfet n'entend pas de cette oreille. Il veut des serviteurs et non des amis. — Et il réussit à merveille à susciter... des adversaires.

Manœuvres désastreuses ! guerre insensée !

*
* *

Combien de fois le pouvoir exorbitant de ce petit potentat qui préside aux destinées de chaque département n'a-t-il pas créé de graves difficultés ?

Simple spectateur de la lutte électorale, il s'en fait le hérault, le juge, la partie.

Remettez donc aux électeurs eux-mêmes le choix de leurs candidats.

Dans chaque circonscription électorale — dont la délimitation n'aurait plus dès lors aucune importance, — que les électeurs se réunissent une première fois et choisissent parmi eux un jury d'examen où se présenteront ceux qui briguent l'honneur d'être les mandataires du pays ; qu'après les avoir entendus, et discuté leurs mérites et leurs titres, le jury dresse lui-même la liste motivée des candidats où chaque électeur choisira le sien : — avec cela l'épreuve du suffrage universel, et par scrutin de liste départementale, sera une épreuve sérieuse.

On aura fait ainsi disparaître les inconvénients de l'élection à deux degrés en profitant de tous ses avantages ; les minorités ne seront pas sacrifiées, les majorités ne seront pas despotiques.

XII.

Faut-il être imprévoyant pour ne pas comprendre que des réformes franchement libérales auraient pour premier résultat de placer le principe dynastique *hors pages*, et que les mesures réactionnaires auront pour première conséquence de mettre ce même principe en question !—L'administration des Rouher sera toujours insuffisante à atténuer la portée d'un pareil état de choses.

Un enfant verrait que leur manière d'éclairer le suffrage universel est un moyen de l'obscurcir et de le fausser.

*
* *

De bonne foi ! quand ils ont proclamé que M. tel ou tel leur est agréable ou anti-pathique, l'électeur en sait-il beaucoup plus long ? Et suffit-il de décerner publique-ment, un brevet de capacité à n'importe qui, comme ils l'ont fait à M. Dréolle, le plus terne des louangeurs systématiques, pour qu'immédiatement tous les dons du candidat lui soient infusés ?

Il faut être aussi mouton que peut l'être un électeur, pour ne pas suspecter ces amitiés-là, quitte, si les affaires ne vont pas, à délaisser du même coup protecteurs et protégés.

Voilà comment il se fait que les grandes majorités, ainsi obtenues, sont presque toujours fatales. La désillusion opère en masse, et les moutons tournent du jour au lendemain.

Cela crève tellement les yeux, qu'il faut — comment dire ? — la naïve et indis-crète inconséquence de M. de Forcade pour tirer des événements de 1847-48 un appui de son système. Le plus beau service que cette Excellence pourrait rendre à l'Empire serait de manœuvrer si bien que la prochaine législature vit arriver au palais Bourbon un tiers-parti fortement constitué aux dépens de la majorité.

*
* *

Laissez. donc faire le pays, conseillers malhabiles ! — le pays a plus de bon sens que vous ne le supposez.

Il ne demande qu'à regarder aux choses ; vous voulez à toute force qu'il s'occupe des personnes !

De ce qu'il vous laisse aller et vous obéit presque sans mot dire, supposez-vous qu'il ne prenne pas de notes sérieuses ?

Ah ! tenez, vous provoquez encore plus de tristesse que vous ne soulevez d'étonne-ment ! — S'il vous faut des expériences, cherchez donc ailleurs !

*
* *

Je ne veux pas vous calomnier. — Vous avez inscrit plusieurs choses au chapitre des libertés. Malheureusement la pratique ne répond pas à la théorie. Et puis, comme vous l'a dit un illustre orateur, il y a des choses qu'on ne scinde pas ; c'est tout ou rien.

Osez dire que la liberté individuelle est complète, qu'elle ne souffre aucune atteinte, qu'elle est entourée de toutes les garanties ?

Osez dire que la presse est bien libre, qu'elle n'est pas entravée par une fiscalité byzantine ?

Osez dire que la liberté d'association existe, et qu'en vertu du droit de réunion, le commissaire de police toujours cru, même contre les déclarations opposées des plus honorables citoyens, ne puisse pas venir se mêler à nos fêtes intimes ?

Osez dire que l'enseignement est libre, et que le monopole universitaire ne soit pas une atteinte à la liberté de conscience ?

Osez dire que l'administration centralisée ne recouvre pas, comme d'un filet, depuis la capitale jusqu'aux hameaux les plus solitaires, tous les actes de la vie publique ?

Osez dire que la liberté électorale soit complète, et que vous ne l'atteignez pas dans son essence ?

Osez dire que la liberté parlementaire est bien exercée quand un député peut recevoir du banc des ministres un démenti formel, et que la réponse est étouffée sous le coup d'un rappel à l'ordre ?

Sur tous ces points — ne vous faites pas illusion ? — il y a urgence de réformes.

XIII.

Nous ne demandons pas tout en un jour, assurément. Il faut le temps à chaque chose. Certaines n'ont pas besoin de préparations ; d'autres exigent des études préalables.

La décentralisation, qui sera l'atmosphère vivifiante des libertés nécessaires et des progrès à venir, ne saurait s'établir tout d'une pièce. Elle doit être examinée, combinée d'avance, amenée de plus ou moins loin, mais sous l'œil de la liberté.

Sur ce point, nous pouvons attendre, à la condition de recevoir sans tarder des arrhes.... sérieuses.

Il y a trois choses que le pouvoir peut faire immédiatement : modifier la loi sur la presse et sur le droit de réunion, rétablir la responsabilité des ministres et, comme conséquence, abandonner les candidatures-officielles.

Peut-être avons-nous démontré qu'elles sont le premier remède au malaise où nous sommes, malaise dont l'aveu implicite éclate à chaque instant quand on réduit la question intérieure à une alternative entre l'état actuel et la révolution.

Eh bien ! ce spectre avec lequel on conduit les campagnes au scrutin, il sort du gouvernement personnel comme du fond de sa tombe. Croit-on qu'il reste toujours à l'état d'épouvantail ?

Non ! — Il y a des heures qui saisissent les peuples au milieu d'une trop béate confiance, comme autrefois l'armée de Sennachérib sous les murs de Jérusalem.

« La vraie manière de se défendre, » pour un gouvernement, « ce n'est pas de se « placer au-dessus, à côté ou en dehors de la nation, c'est de se confondre avec elle,

« ce n'est pas de se considérer comme une puissance mystérieuse et supérieure; c'est
« d'exécuter ce que veut, pense et conçoit la nation tout entière (1). »

Alors, en posant à la nation des questions précises, en lui demandant son avis sur
la direction générale des affaires, on évite les responsabilités et les lassitudes; les
fautes commises ne sont plus des fautes personnelles, ce sont les fautes de tous, on
modifie le ministère et personne ne songe à demander d'autres comptes, à exiger
d'autres réparations, surtout à les prendre.

Le courant d'opinion publique se modifie ; les hommes qui le remontent, s'éloignent;
ceux qui le suivent, les remplacent : quoi de plus simple, de plus naturel, de plus
logique. — Est-ce qu'on lutte contre un peuple ?

* *
*

Le gouvernement personnel — et sans la responsabilité ministérielle, il l'est fata-
lement — n'est ni dans la nature, ni dans les habitudes de la France, ni dans la ligne
du progrès.

Ce n'est pas pour aller en avant qu'on déserte nos traditions, c'est pour aller en
arrière, pour remonter jusqu'à je ne sais quelles époques du Bas-Empire et de Rome
à son déclin.

* *
*

Non, le gouvernement personnel n'est pas dans la ligne du progrès, puisqu'il res-
treint la liberté, ou plutôt qu'il la nie; malgré lui peut-être, involontairement, mais
nécessairement. Il n'est même pas l'ordre, puisque l'ordre social est l'harmonie des
libertés individuelles et publiques.

Comment donc — à supposer que l'ordre et la liberté aient besoin de conciliation
— comment la ferait-il ? Il n'est pas l'ordre ; il est le silence imposé par la force.

Et l'on voudrait faire accepter cela d'un grand peuple ? Il l'a pu dans un moment
étrange où la licence usurpa les dehors de la liberté; mais il connaît sa méprise et
n'y retombera plus.

Il connaît la différence du libéral au jacobin; et ne les confondra plus.

Il connaît aussi cette loi du monde physique, également vraie dans le monde moral
et dans le monde politique : la compression conduit à la dilatation. — Sans soupapes
de sûreté, la chaudière éclate.

Il sait, ce peuple, que le vrai libéral a l'âme grande, le caractère ferme et tolérant,
l'esprit élevé au-dessus des haines, des jalousies, des préjugés, et qu'il applique loyalement, dans son entier, sans aucune réticence, cette noble devise :

(1) Discours de M. É. Ollivier, séance du 3 avril

La liberté en tout! la liberté pour tous!

Il sait, enfin, que tout autre libéralisme est un libéralisme bâtard qui a toujours couvert l'une de ces deux choses : le despotisme des foules ou le despotisme des Césars.

XIV

En avant! — L'opinion publique est en passe de tout obtenir : la liberté de la presse, la liberté de réunion et d'association, la liberté électorale, la liberté parlementaire, la liberté d'enseignement.

Une seule chose importe : dégager la question dynastique du milieu de nos efforts incessants, calmes, réguliers, légaux. Encore une fois, elle n'a que faire ici, parce qu'elle placerait les personnes avant le pays. Les rétrogrades seuls les confondent d'une manière intéressée.

On ne se laissera pas prendre plus longtemps au piége, à ce jeu si puéril qu'on s'étonne de le voir réussir.

Mais, en haine même des bouleversements, c'est un devoir de le dire : ces réformes sont une question de vie pour l'Empire.

Un *coup d'État libéral* venant l'un de ces jours surprendre la Nation, montrerait dans le pouvoir impérial une force au-dessus de toutes les attaques, une confiance au-dessus de tous les soupçons.

Mais quand un peuple a vécu libre, quand il aspire à retrouver cette vie généreuse, quand il en réclame les conditions essentielles, on ne peut pas lui dire : vieil enfant, ou jeune vieillard, tu resteras sous ma tutelle! tu ne marcheras pas sans mes lisières! — Non! tu n'iras pas plus loin!

www.ingramcontent.com/pod-product-compliance
Lightning Source LLC
Chambersburg PA
CBHW060810280326
41934CB00010B/2630